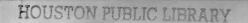

Así nace un

árbol

Santillana

Título original: *Starting Life Tree*
© 2004 Andromeda Children's Books, an imprint of Pinwheel Limited
Devised and produced by Andromeda Children's Books,
an imprint of Pinwheel Limited
Winchester House – 4th floor
259-269 Old Marylebone Road
London NW1 5XJ

© De esta edición:
2004, Santillana USA Publishing Company, Inc.
2105 NW 86th Avenue, Miami, FL 33122
www.santillanausa.com

Autor: Claire Llewellyn
Ilustrador: Simon Mendez
Dirección Editorial: Ruth Hooper
Dirección de Arte: Ali Scrivens
Asesoría científica: Valerie Davies
Traducción: María Cristina Giraldo

04 05 06 07 08 09 10
10 9 8 7 6 5 4 3 2 1

ISBN: 1-59437-449-X

Impreso en China

Así nace un árbol

Claire Llewellyn

Ilustraciones de
Simon Mendez

A comienzos de la primavera, una semilla de manzana yace en la pradera. La semilla se vuelve húmeda y abultada. Se abre, y una diminuta raíz entra en la tierra. Al mismo tiempo, un pimpollo crece en dirección al sol. Juntos forman una plántula. Es el comienzo de una nueva planta.

Pie de caballo

Milpiés

Hoja

Un pimpollo verde crece en dirección a la luz. Aparecen dos hojas verdes.

Larva de típula

La larva de la típula se convertirá en típula cuando salga de su gruesa piel.

Pimpollo

Raíz

La raíz de color café crece hacia adentro de la tierra. Su tarea será absorber agua y nutrientes para la planta que está creciendo.

Lombriz

La plántula crece más y le salen más hojas. Las hojas buscan la luz del sol para hacer la comida de la planta. Durante el verano, el joven árbol crece rápidamente. En el primer año alcanza unos 3 pies (1 metro) de altura. Ahora se llama brinzal.

Celidonia menor

Con luz solar y agua, las hojas fabrican un alimento dulce para el árbol.

Ciempiés

Cochinillas de humedad

Las raíces del brinzal se vuelven más largas y gruesas. Se agarran con fuerza de la tierra para proteger al árbol del viento.

Brinzal

Mosca sírfida

Tallo

Algunas veces, los caracoles hacen agujeros en las hojas de las plantas. Los caracoles pueden acabar con las plántulas.

El árbol crece año tras año. Después de cuatro años ya es un árbol muy alto, con un tronco fuerte, cubierto de una corteza que lo protege para que no se seque. Las ramas se alargan y engruesan. Sus hojas son jugosas y verdes. Sirven de alimento para los pulgones y otros insectos.

Dedalera

Hierba sauce

Las catarinas se tragan a los pulgones. ¡Pueden comerse cientos de ellos en un día!

Catarina

6

corteza de
dera protege
árbol de los
rdiscos de
males
nbrientos.

Trepador americano

Los pájaros trepadores se acercan
con cautela al tronco en
busca de insectos que se
esconden en la corteza.

Conejo

Los conejos nacen en la primavera y el verano. Cuando
tienen unas cuantas semanas de nacidos, salen de su
madriguera para comer la fresca y abundante hierba.

7

En su sexta primavera, el árbol mide 20 pies (6 metros) de altura. Los vástagos de sus ramas están llenos de brotes. A medida que los días se vuelven más cálidos y soleados, los brotes revientan y salen suaves hojas verdes. Luego, los capullos empiezan a agrandarse. Día a día, crecen, se van abultando y cambian de verde a rosado. Ahora también están listos para abrirse.

Ardilla

Silene colorada

Helecho

Trébol rojo

Trébol blan

Las hojas del manzano son ovaladas. Son verdes por encima y blancas por debajo.

Rama

Los pájaros hacen sus nidos en las ramas gruesas del árbol. Buscan los insectos que están en las hojas.

Tronco

Los capullos se abren con el sol primaveral. Ahora el manzano está cubierto de flores de dulce aroma. Hay cientos de ellas en cada rama. La flor tiene cinco pétalos de color rosa pálido. En el centro tiene unos diminutos tallos cubiertos con un polvo amarillo pegajoso. Este polvo se llama polen, y tiene una función importante: sirve para que el árbol haga las semillas.

Trepatroncos

Flor

El árbol florece durante
dos o tres semanas.

Los insectos ponen
sus huevos en el árbol.
Esto le puede causar
daño. Las larvas salen
de los huevos y se comen
las hojas y los brotes.

Una pareja de trepatroncos
halla un hueco en el árbol
y allí comienza a hacer
su nido.

El aroma de las flores de manzano llena el aire. Las abejas y otros insectos vienen al árbol a beber el jugo dulce que se esconde dentro de las flores. Cuando una abeja se para en una flor, el polen se pega a su velludo cuerpo. Luego, cuando va a otra flor, deja allí parte del polen. El polen del árbol viaja de flor en flor. Es así como las flores comienzan a cambiar y las semillas a crecer.

Avispa bracónida

Gorgojo de manzano

Mariposa cardera

Los insectos le dan vida al árbol. El color y el aroma de las flores atraen mariposas, abejas, gorgojos del manzano, moscas de las flores y avispas.

Oruga

Dentro de cada flor
hay un jugo dulce
llamado néctar.
Las abejas lamen y
chupan el néctar
con sus largas y
velludas lenguas
en forma de tubo.

Los gorriones alimentan a
sus polluelos con las jugosas
larvas que encuentran
en el árbol.

Abeja

13

Dos semanas más tarde, las flores mueren y se caen del árbol. En la base de las flores viejas aparecen diminutas manzanas. Entretanto, las hojas se engruesan y se extienden mientras producen la comida para el árbol. Los insectos zumban en las ramas. Algunos se comen las hojas y las frutas.

Frutas nuevas

Las manzanas nuevas son verdes y duras. La pulpa crece para proteger a las semillas que se están desarrollando en el corazón de la fruta.

Chinche antocórido

¿Quién se come qué en un manzano? Un pájaro se come los crisopos; los crisopos se comen los pulgones; los pulgones chupan la savia de las hojas. Esto se llama *cadena alimenticia*.

Crisopo

4

Gorrión

Los pájaros hacen sus nidos en las ramas del manzano. Hay suficientes insectos cerca para cazar y dar de comer a sus polluelos.

Cápsido verde

Hormiga

En agosto, el árbol está lleno de frutas. Las manzanas cambian de color verde a rojo al madurar con el sol de finales de verano. Ahora los días se vuelven más cortos. El árbol produce los brotes para el próximo año, y luego, su crecimiento comienza a frenarse.

La cáscara que envuelve las manzanas forma una barrera resistente que protege la fruta y las semillas.

Mariposa náyade

Las mariposas náyade se alimentan de la savia de los árboles.

Fruta pintona

Algunas hojas
comienzan a ponerse
amarillas. Se acerca
el otoño.

Avispa

Las avispas tienen
mandíbulas fuertes.
Empiezan a comer
de la fruta pintona.

A comienzos del otoño, las manzanas ya están maduras. Una por una, caen suavemente al suelo. Zorras, ardillas, pájaros y otros animales llegan a comerse la dulce y jugosa fruta. Adentro están las semillas cafés del árbol. Algunas caen al suelo cuando los animales comen. Otras son transportadas más lejos.

Ahora, más hojas se vuelven amarillas. Muy pronto se secarán y caerán al suelo.

Un cuervo sale volando con un trozo de manzana en el pico. En algún otro lugar dejará excrementos que contienen semillas.

Urraca

Ardilla

Las avispas comen
manzanas podridas
para guardar energía
para el invierno.

Una hambrienta zorra come manzanas.
Con la cosecha de otoño, los animales
sobreviven al frío y al hambre del invierno.

Cuervo

Avispa

Zorra

Brotes

Los pequeñísimos brotes del árbol
sobreviven al invierno. Están
protegidos por una capa de pelusa.

En invierno los días son cortos y fríos. El manzano
ha perdido todas sus hojas y sus ramas están
totalmente peladas. El árbol deja de crecer y reposa
hasta la primavera. Algunas de sus semillas yacen
cerca, en el suelo. Ellas también esperan la primavera.

Ramas peladas

Los pájaros se perchan en
las ramas de los árboles.
Allí se refugian del viento.

Musgo

El musgo y el liquen son plantas
resistentes. Crecen en el tronco
y en las ramas del árbol.

Los árboles dejan de crecer
por unos cuatro meses.
Este largo descanso los
prepara para crecer de
nuevo en la primavera.

Hojas secas

Las hojas viejas del árbol caen al suelo y comienzan a descomponerse.
Estas hojas protegen del frío invernal a las semillas de la estación
anterior. También sirven de refugio de invierno para los insectos.

21

Los meses fríos terminan, los días se vuelven más largos, y llegan el sol y la lluvia de primavera. El árbol florece nuevamente. Brotan hojas nuevas y comienzan a crecer las flores. Un manzano puede vivir durante cien años y dar miles de semillas. Muy cerca, una de estas semillas se abre y germina, dando así comienzo a la vida de un nuevo manzano.

Hojas nuevas

Muchos insectos descansan durante el invierno. En la primavera vuelven a estar activos.

Hierba

Las plantas crecen mucho en la primavera. La hierba de la pradera es verde y alta. Sirve de alimento para los animales y sus crías.

Nueva plántula

En el clima cálido y húmedo, las semillas se vuelven húmedas y abultadas. Se abren y de ellas salen diminutas plántulas.

El manzano repite este ciclo cada año. En invierno descansa, y crece de nuevo en la primavera. Cada año produce hojas, flores, frutas y semillas.

Conejo

Glosario e índice

Brinzal Árbol joven.　　4, 5

Cáscara Piel de una fruta.　　16

Corteza Cubierta dura de las ramas y el tronco de un árbol.　　6, 7

Larva Primera etapa de un insecto después de que sale del huevo.　　13

Liquen Una clase de planta que crece sobre rocas, paredes y troncos de árboles.　　21

Néctar Jugo dulce del interior de las flores que atrae los insectos.　　13

Pimpollo Lo que empieza a desarrollarse de una semilla.　　2, 3

Polen Polvo pegajoso y amarillo de una flor que el viento y los insectos llevan a otras flores para que se formen las semillas.　　10, 12

Pulgón Pequeño insecto que se alimenta del jugo de las plantas.　　6, 14

Plántula La pequeña planta que crece de una semilla.　　2, 4, 23

Raíz Parte de una planta que crece debajo de la tierra. Las raíces nutren y dan estabilidad.　　2, 3, 5

Savia Líquido acuoso o jugo que corre por la planta y que lleva alimento a las hojas.　　14, 16

Semilla Parte de una planta que puede convertirse en otra planta.　　2, 3, 10, 12, 13, 14, 16, 18, 20, 21, 22, 23

Ciclo de vida de un árbol

Etapa 1

Un año

Etapa 2

6 años

Etapa 3 Comienzo de la primavera

Etapa 4

Final de la primavera

Etapa 5 Final del otoño

Etapa 6

Así nace un árbol

Mira cómo crecen las páginas de este libro a medida que descubres el asombroso ciclo de vida de un manzano, desde que la pequeña semilla se transforma en plántula, hasta que llega a convertirse en un enorme árbol adulto lleno de fuertes ramas. Con el cambio de las estaciones, toda clase de criaturas vienen y van, las hojas crecen, salen hermosas flores y se desarrollan brillantes manzanas rojas.

- Bellas ilustraciones
- Texto simple y perfecto para satisfacer la curiosidad de los niños que también estan dando sus primeros pasos por la vida
- Contiene un glosario-índice ilustrado

Santillana

ISBN 1-59437-449-X

9 781594 374494

T2-BUR-641